इक्कीस दिन इक्कीस कविता: एक काव्य यात्रा

संतोष "रागी" मिश्र, सीए

Made with ❤ on the BookLeaf Publishing Platform
www.bookleafpub.in
www.bookleafpub.com

Dedication

इस पुस्तक को मैं अपने पूज्य माता-पिता श्री इंद्रानंद मिश्र और श्रीमती जयमाला देवी को सादर समर्पित करता हूँ, जिनकी सीख, प्रेरणा और आशीर्वाद ने मुझे जीवन की हर कठिनाई से लड़ने का साहस और साहित्य की ओर अग्रसर होने का मार्ग दिखाया।

-संतोष "रागी" मिश्र, सीए

Preface

भूमिका

श्री संतोष "रागी" मिश्र जी की काव्य संग्रह "इक्कीस दिन इक्कीस कविता" एक विलक्षण रचना है जो जीवन के विविध रंगों को समेटे हुए है। एक सफल चार्टर्ड एकाउंटेंट होने के साथ-साथ वे एक संवेदनशील कवि भी हैं, जिन्होंने अपनी कविताओं में समकालीन जीवन की जटिलताओं और ग्रामीण संस्कृति की सादगी को बखूबी पिरोया है।

इस संग्रह की सबसे बड़ी विशेषता इसकी विषय-वैविध्यता है। पहली कविता "रिश्तों की व्यस्तता" आधुनिक जीवन की त्रासदी को दर्शाती है, जहाँ डिजिटल दुनिया ने मानवीय संबंधों को कैसे प्रभावित किया है। वहीं "मासूमियत की मिट्टी" में बाल श्रम जैसी सामाजिक समस्या को बेहद मार्मिक ढंग से प्रस्तुत किया गया है।

कवि ने प्रेम और विरह की कविताओं में भावों की गहराई को छुआ है। "अनकही प्रीत" और "प्रेम-विरह" जैसी रचनाएँ प्रेम की पवित्रता और विरह की पीड़ा को नई अभिव्यक्ति देती हैं। "पिता की व्यथा" और "एक माँ की व्यथा" में पारिवारिक रिश्तों की संवेदनाओं को गहराई से चित्रित किया गया है।

बिहार के अररिया जिले के परमानंद पुर गाँव से आने वाले कवि की रचनाओं में ग्रामीण जीवन की झलक स्पष्ट दिखाई देती है। "गाँव का गौरव" कविता में ग्रामीण संस्कृति के प्रति उनका गहरा लगाव झलकता है।

भाषा की दृष्टि से इस संग्रह में सरलता और प्रवाह है। कवि ने जटिल भावों को भी सहज और सरल भाषा में व्यक्त किया है। छंद और अलंकारों का प्रयोग स्वाभाविक है, जो कविताओं को संगीतात्मकता

प्रदान करता है।

यह संग्रह एक ऐसे कवि की यात्रा है जो अपनी जड़ों से जुड़ा हुआ है और साथ ही आधुनिक जीवन की चुनौतियों को भी समझता है। इक्कीस दिनों में लिखी गई ये इक्कीस कविताएँ जीवन के विभिन्न रंगों को समेटे हुए हैं और पाठकों को एक नया दृष्टिकोण प्रदान करती हैं।

कविताओं का संक्षिप्त विश्लेषण

1. **रिश्तों की व्यस्तता:** आधुनिक युग में सोशल मीडिया और डिजिटल प्लेटफॉर्म्स ने कैसे वास्तविक रिश्तों को प्रभावित किया है, इसका मार्मिक चित्रण। कवि ने फोन और सोशल मीडिया की लत पर गहरी चोट की है।

2. **मासूमियत की मिट्टी:** एक पाँच वर्षीय बच्ची के माध्यम से बाल श्रम की त्रासदी का चित्रण। कविता बचपन की मासूमियत और कठोर वास्तविकता के बीच के अंतर को दर्शाती है।

3. **वक्त और काबिलियत:** जीवन में चुनौतियों और बाधाओं के बावजूद आगे बढ़ने की प्रेरक कविता। मेहनत और दृढ़ संकल्प की महिमा का वर्णन।

4. **पिता की उम्मीदें:** आधुनिक पीढ़ी द्वारा माता-पिता की उपेक्षा और बुजुर्गों की पीड़ा को व्यक्त करती कविता। पारिवारिक मूल्यों के विघटन पर चिंता।

5. **अनकही प्रीत:** अव्यक्त प्रेम की मार्मिक अभिव्यक्ति। बिना कहे रह जाने वाली भावनाओं की सूक्ष्म अनुभूति।

6. **प्रेम-तीर्थ:** प्रेम को एक पवित्र यात्रा के रूप में चित्रित करती कविता। प्रेम की आध्यात्मिक ऊंचाइयों का वर्णन।

7. **प्रेम-निवेदन:** प्रेम की निश्छल अभिव्यक्ति और समर्पण भाव की कविता।

8. **गाँव का गौरव**: ग्रामीण जीवन की सादगी और मूल्यों की महत्ता को रेखांकित करती कविता। शहरी जीवन की कृत्रिमता की तुलना में ग्रामीण संस्कृति की श्रेष्ठता का वर्णन।

9. **जीवन-पथ**: जीवन की यात्रा और उसमें मिलने वाले अनुभवों का काव्यात्मक चित्रण।

10. **विरह-श्रृंगार**: विरह की पीड़ा को श्रृंगार रस के माध्यम से व्यक्त करती कविता।

11. **जीवन की रंगीन राहें**: जीवन के विविध रंगों और अनुभवों का सुंदर चित्रण।

12. **पिता की व्यथा-कथा**: पिता के त्याग और समर्पण की कहानी।

13. **स्वर्णिम किरणें**: आशावाद और सकारात्मक दृष्टिकोण की कविता।

14. **श्रृंगारः प्रेम का आभूषण**: प्रेम के विभिन्न आभूषणों का काव्यात्मक वर्णन।

15. **प्रेम-विरह**: प्रिय से बिछड़ने की पीड़ा का मार्मिक चित्रण।

16. **स्मृतियों का बोझ**: बीती यादों के साथ जीने की व्यथा को व्यक्त करती कविता।

17. **मनमोहिनी**: नारी सौंदर्य का लावण्यमय वर्णन।

18. **स्वर्णिम विहंग**: स्वतंत्रता और मुक्ति के भाव को पक्षियों के माध्यम से व्यक्त करती कविता।

19. **जीवन-कला**: जीवन जीने की कला का सुंदर वर्णन।

20. **एक माँ की व्यथा**: मातृ हृदय की पीड़ा और वेदना का मार्मिक चित्रण।

21. **खामोश गवाह**: एकाकीपन और अकेलेपन की अनुभूति को व्यक्त करती कविता।

प्राक्कथन

काव्य मानव मन की अभिव्यक्ति का सबसे सशक्त माध्यम है। "इक्कीस दिन इक्कीस कविता" संग्रह में मैंने जीवन के विविध रंगों को शब्दों में पिरोने का प्रयास किया है। एक सनदी लेखाकार होने के साथ-साथ कविता मेरे जीवन का अभिन्न हिस्सा रही है।

किसान परिवार से आने के कारण मेरी कविताओं में ग्रामीण जीवन की सौंधी महक और प्रकृति का सौंदर्य स्वाभाविक रूप से झलकता है। साथ ही आधुनिक जीवन की चुनौतियों, रिश्तों की गहराई, और मानवीय संवेदनाओं को भी मैंने अपनी कविताओं में स्थान दिया है।

इस संग्रह में इक्कीस दिनों में लिखी गई इक्कीस कविताएँ संकलित हैं। प्रत्येक कविता जीवन के एक अलग पहलू को उजागर करती है - चाहे वह रिश्तों की व्यस्तता हो, मासूमियत की मिट्टी हो, या फिर प्रेम और विरह की अनुभूतियाँ।

Acknowledgements

आभार

मेरी जीवनसंगिनी श्रीमती मुन्नी मिश्रा का विशेष आभार, जिनका स्नेह और सहयोग मेरी साहित्यिक यात्रा का अभिन्न अंग रहा है। उनकी प्रेरणा और समर्थन ने मेरी रचनाधर्मिता को नई ऊंचाइयाँ दी हैं। मेरे परिवार का सहयोग और प्रेरणा हमेशा मेरी ताकत रही है।

मेरा जन्म स्थान परमानंद पुर (जिला अररिया) मेरी काव्य चेतना का स्रोत रहा है। वहाँ की मिट्टी की महक, खेतों की हरियाली, और ग्रामीण जीवन के अनुभवों ने मेरी कविताओं को समृद्ध किया है।

अंत में, मैं अपने सभी पाठकों का आभारी हूँ, जिनके प्यार और समर्थन ने मुझे निरंतर लेखन के लिए प्रेरित किया है।
धन्यवाद
संतोष "रागी" मिश्र, चार्टर्ड एकाउंटेंट एवं कवि

1. रिश्तों की व्यस्तता

फोन में जीते इंसान आज
रिश्तों की बैटरी डाउन है
लाइक्स के भूखे हो गए सब
सोशल मीडिया का टाउन है
रियल लाइफ से दूर भागकर
रील लाइफ में खो गए हैं
असली चेहरे को छुपाकर
फिल्टर में धोखा दे गए हैं
खाना खाते वक्त पहले
फोटो खींचना जरूरी है
इंस्टा स्टोरी के बिना तो
जिंदगी अधूरी-अधूरी है
मैसेज भेजकर बर्थडे विश
दिल जीत लिया समझे हैं
व्हाट्सएप पर 'हैप्पी होली'
त्योहार मना लिया समझे हैं
जिम में सेल्फी, फूड का पोस्ट
लाइफस्टाइल के शौकीन हैं
पर सीढ़ियां चढ़ने में ही
साँस फूल जाती बेचैन है

ऑफिस मीटिंग में कैमरा बंद
गेम खेलें या सोते हैं
"नेट स्लो है सर" कहकर
मस्त बहाना बनाते हैं
एक कमरे में बैठे सब
फैमिली ग्रुप में चैट करें
बगल वाले से बात करने को
व्हाट्सएप पर वक्त धरें
मेटावर्स में खो गए हैं
रियल वर्ल्ड भूल गए हैं
डिजिटल दुनिया के चक्कर में
इंसानियत को खो दिए हैं!

2. मासूमियत की मिट्टी

सीढ़ियों पर झुकी थी वो नन्हीं काया,
हाथों में झाड़ू, पर आँखों में साया।
पाँच बरस की उम्र, मगर चेहरा थका सा,
जैसे बचपन कहीं छूट गया हो रास्ता।

मुस्कुराई वो, पर मुस्कान में भी दर्द था,
जैसे होंठ हिले हों, पर दिल कहीं गर्द था।
हमने पूछा—"तुम भी काम करती हो?"
वो बोली—"और क्या करूँ? सपने बुनने का वक्त कहाँ बचा है
मुझको?"

"मैं तो रोज़ सफाई करती हूँ,
क्योंकि पापा की परी नहीं हूँ।
पापा अब साथ नहीं, कहीं खो गए,
और माँ... माँ तो काम में ही रो गई।"

उसकी आँखों में वो सवाल थे,
जो लफ्ज़ बनकर कभी बाहर नहीं आए।
गुड़िया-खिलौनों की दुनिया से वो अंजान थी,
उसके हिस्से में तो बस टूटी दीवारें और चुप्पी थी।

क्या जानूँ मैं स्कूल की घंटी कैसे बजती है?
किताबों के पन्नों में कौन सी खुशबू बसती है?
मेरे लिए तो धूल ही मेरी कहानी है,
और सफाई की झाड़ू ही मेरी निशानी है।

माँ भी तो शायद ऐसे ही पली थी,
बचपन उसके हिस्से भी कहाँ आई थी।
शायद यही वजह है कि उसे भी नहीं पता,
बचपन कैसे जिया जाता है, क्या होता है सपना।

रोटी के एक टुकड़े में ही पेट भरना सीखा,
मनपसंद खाने का तो कभी ख्वाब भी नहीं देखा।
पहनने को जो मिला, वही त्योहार है,
कहाँ जानूँ मैं कि नए कपड़े भी किसी का अधिकार है।

ख्वाब? वो तो अमीरों की चीज़ें हैं,
हमारे हिस्से में तो बस काम की सीढ़ियाँ हैं।
फिर भी कहीं दिल के कोने में एक आस है,
जैसे राख में कोई बुझता सा अलाव है।

शायद कोई पूछेगा—"बिटिया, क्या चाहिए तुझे?"
और मैं चुप रह जाऊँगी, क्योंकि चाहना सीखा ही नहीं।
कभी तो ईश्वर मुस्कराकर मुझसे आँख मिलाएंगे,
कभी तो कहेंगे—"आ चल, तुझे भी बचपन दिखाएं।"

पर तब तक ये झाड़ू मेरे हाथ में रहेगी,

मुस्कुराती रहूँगी, दर्द को छुपाती रहूँगी।
क्योंकि हम जैसे घरों में बेटियाँ सवाल नहीं करतीं,
बस चुपचाप अपने हिस्से का बचपन खो देती हैं।

3. वक्त और क़ाबिलियत

वक्त ने किया जब साथ से इंकार,
लोगों ने डाली मुझ पर नज़रें सौ बार।
कहने लगे, "यह सफर तेरा नहीं,"
पर मेरे इरादे थे आसमान से कहीं।
ठोकरों ने रास्ता दिखाना शुरू किया,
हर दर्द ने जज़्बा बढ़ाना शुरू किया।
गिरते हुए भी मुस्कुराना सीखा,
अंधेरों में अपने लिए दीया जलाना सीखा।
लोगों के सवाल, जैसे कांटों की चुभन,
पर मैंने बदल दी हर हार की गूंज।
क़ाबिलियत को वक्त ने अनदेखा किया,
पर हौसलों ने हर मोर्चा खुद जीता।
हर कदम पर चुनौतियों की दीवारें थीं,
पर मेरे इरादे आग की धारें थीं।
जो गिरा, वो संभलना भी सीख गया,
और जो टूटा, वो खुद को गढ़ना सीख गया।
हौसले के बीज जब ज़मीन में पड़े,
तो वक्त की बंजर ज़मीन पर भी फसलें लहराई।
अब जो कहते थे मेरी क़ाबिलियत को भ्रम,
वही झुकाते हैं निगाहें हर कदम।

वक्त ने भले ही राहें रोक दी हों,
मगर मेरी मेहनत ने मंज़िलें खोल दी हों।
जो आज हंसते हैं, कल सलाम करेंगे,
मेरी मेहनत के गीत सरेआम करेंगे।

4. पिता की उम्मीदें

बूढ़े पिता की आँखों में, सपने हैं कितने अनमोल।
बेटा होगा जीवन साथी, करेगा हर दुख को अनमोल।
थोड़ी सी जमीन बेची थी, आँखों में आँसू भर के।
सोचा था पढ़-लिख जाएगा, खुशियाँ लौटेंगी घर में।
फिर बेटे ने खेत-खलिहान, बिना सोचे बेच डाले।
जिस मिट्टी में खेला-कूदा, उसे बेकार बता डाली।
कहा "गाँव में क्या रखा है, यह तो पिछड़ा इलाका।
शहरी चमक-दमक के आगे, गाँव का क्या है फायदा।"
मिट्टी की खुशबू छोड़कर, कंक्रीट की दीवारें चुनी।
गाँव का वो सुंदर आँगन, विदेशी फ्लैट में बदल गया।
डॉक्टर-इंजीनियर तो बन गया, पर दिल से दूर हो गया।
माँ-बाप की आँखों का तारा, विदेशी चकाचौंध में खो गया।
इतनी ऊँची पढ़ाई की, पर समझ न पाया कुछ भी।
जीवन में क्या महत्वपूर्ण है, यह ज्ञान न पाया कभी।
किताबों में पढ़ा बहुत कुछ, पर जीवन की पाठशाला।
माँ-बाप का प्यार-दुलार, यह पाठ न समझ पाया।
विदेशी धरती पर बैठे, भूल गए अपना घर।
माँ-बाप के आँसुओं का, अब नहीं कोई असर।
"मीटिंग है, काम बहुत है" बस यही रटते जाते।
महीनों बाद याद आए तो, दो मिनट का कॉल लगाते।

हद तो तब हो जाती है, जब अंतिम विदाई आती।
स्क्रीन पर अंतिम दर्शन की, कैसी विडंबना छाती।
रिश्तेदार ही कर देते हैं, अंतिम संस्कार सारे।
बेटा बस ऑनलाइन देखे, आँसू भी डिजिटल सारे।
आने वाली पीढ़ी को भी, क्या सीख दे जाएगा।
वो भी तो यही सीखेगी, यही चक्र चल जाएगा।
सोचो किस दिशा में जा रहे, कैसा भविष्य बनाएंगे।
माता-पिता के संस्कारों को, कैसे आगे बढ़ाएंगे।
याद करो उन हाथों को, जिन्होंने तुम्हें सँवारा था।
अपनी भूख मिटाकर भी, तुम्हें हमेशा खिलाया था।
लौट चलो अपने घर को, अभी भी वक्त है बाकी।
पिता की आँखों में फिर से, जगमगाए खुशियों की बाती।

5. अनकही प्रीत

कुछ लम्हे थे जो बस ठहर गए,
दो दिल थे जो चुपचाप बह गए।
ना कह सके तुम, ना कह सके हम,
यूँ ही जीवन के पन्ने मुड़ गए।
हर मुलाक़ात में आँखें बोलतीं,
पर होंठों की मोहर ना टूट सकी।
तुम्हारी हर मुस्कान में छिपी थी कहानी,
जो मेरे दिल में धड़कन बन के रह गयी।
सोचता हूँ आज भी कभी-कभी,
क्या तुम भी मुझे याद करती हो?
जब बरसात की बूँदें छूती हैं,
क्या तुम भी यूँ ही सिहर जाती हो?
वक़्त की रेत में दब गयी वो कहानी,
जिसे ना तुम कह सकी, ना मैं कह सका।
दो राहें, दो मंज़िलें, दो ज़िंदगियाँ,
पर एक प्यार जो अनकहा रह गया।
आज भी दिल में एक कसक सी है,
जानने को बेताब हो जाता हूँ।
क्या तुम भी मुझे चाहती थी,
या बस मैं ही खुद को बहलाता हूँ?

आज तुम सुखी हो अपनी राह पर,
मैं भी मुस्कुरा लेता हूँ अपनी डगर पर।
पर कभी जब तन्हाई में खो जाता हूँ,
वही अनकहे अल्फ़ाज़ लौट आते हैं फिर।
काश कि हिम्मत कर ली होती,
काश कि एक पल को रुक गए होते।
शायद फिर ये कहानी कुछ और होती,
या फिर हम दोनों कुछ और होते।
पर अब बस यही सोच कर जी लेते हैं,
कि तुम भी शायद मुझे चाहती थी।
वो अनकहा सा प्यार, वो अधूरी सी कहानी,
आज भी दिल में कहीं जिंदा है।
तुम्हारी खुशी में ही खुशी है मेरी,
यही सोच कर मन को समझाता हूँ।
पर कभी-कभी सोचता हूँ चुपके से,
क्या तुम भी ऐसे ही याद करती हो मुझे?

6. प्रेम-तीर्थ

जब तुम्हारी मृगनयनी आँखों में झाँका मैंने,
देखा वहाँ एक अनंत नीलाम्बर लहराता था।
हर स्वर्णिम लहर में एक अनकही कहानी थी,
हर मोती-सी बूँद में एक स्वप्निल सपना जगमगाता था।
तुम्हारी कोमल साँसों की मधुर लय में,
बसंत का मंजुल संगीत गुंजायमान है।
किंकिणी-सी खनकती पत्तों में तुम्हारी मधुर हँसी,
मल्लिका-सी महकती फूलों में तुम्हारा कोमल स्पर्श।
कभी तुम श्रावण के बादल बन जाती हो,
मेरी विरह-प्यास बुझाने को अमृत बरसती।
कभी वसुंधरा बन मुझे अंक में थामती,
कभी सुरभित समीर बन मुझे सहलाती।
मैं तुम्हारे पावन प्रेम में एक दीप-शिखा हूँ,
जो तुम्हारी अंचल की छाया में प्रज्वलित।
कभी धूम्र बन आकाश में विलीन हो जाता,
कभी नृत्यरत लौ बन थिरकता।
तुम्हारी मौन व्याप्त चुप्पी में श्रवण करता हूँ,
सहस्र अनकहे मधुर गीतों का राग।
तुम्हारी मंद मुस्कान में निहारता हूँ,
त्रिभुवन की विजय का श्रृंगार।

यह प्रेम नहीं, एक पुण्य तीर्थ है,
जहाँ हम दोनों श्रद्धावनत भक्त हैं।
न कोई उपासक, न कोई आराध्य,
बस प्रेम-रस में निमग्न दो पथिक हैं।
प्रभात की पहली किरण तुम्हारी स्मृति में,
एक नवल सूर्य का उदय होता है।
संध्या की लालिमा तुम्हारी चरण-ध्वनि में,
एक नव चंद्र का विकास होता है।
यह प्रेम-यात्रा अनादि-अनंत है,
न आदि है, न अवसान है।
बस दो प्राण हैं जो स्पंदित होते हैं,
एक ही ताल में, एक ही छंद में।
कहते हैं क्या है यह प्रेम की गाथा?
शायद वो भी नहीं जान पाते।
बस इतना जानते हैं कि इस रस में,
खो जाना ही परम पाना है।

7. प्रेम-निवेदन

नील-गगन की अपमान-धारा में भी,
मेरे नयन-सरोवर का जल तुमसे बहता है...
मृग-मरीचिका नहीं, हृदय-मंदिर यह कहता है,
तुम्हारी पलकों की छाया, मौन-मरु को सहता है।
विरह-अग्नि की वेदी पर जलता हर पल मैं,
तुम्हारे नाम की चंदन-राख से सजता हूँ...
पीड़ा के पदक पहन गर्व से चलता हूँ,
तुम्हारे स्पर्श की स्मृति से पावन बनता हूँ।
तुम्हारे नयन-कुंडों में डूबा हूँ ऐसे,
जैसे चंदन दीप-सा जले तेरे द्वार पर...
तुम्हारे नैन-बाण भले ही बेधें सीना,
मेरी आहें तेरी वीणा का साज़ बनें निहार।
शिराओं में बहे वह गरल सुधा बन कर,
जो तुम्हारे कर-कमलों से पिया था प्यार बन...
तुम्हारे चरणों की धूलि का कण-कण,
मेरे भाल पर चमके मणि-मुकुट समान।
न गूँथूँ मान की माला, न बुनूँ अहं का जाल,
तुम्हारे होने का सूत्र रग-रग में बसा है...
कहते हैं "मिट गया स्वप्न-सिंधु सारा",
पर मैं तेरे नयन-कमल का मधुप बना है।

8. गाँव का गौरव

गर्व से कहता हूँ, गाँव का वीर हूँ मैं,
धरती का सच्चा जागीरदार हूँ मैं।
जिनको तुम गँवार कहते हो,
उन्हीं संस्कारों का हिमालय-सा अहंकार हूँ मैं।
तुम कुत्तों को गोद में बिठाते,
बच्चों का प्यार खरीदा करते।
आयों को पैसे दे बच्चों की,
परवरिश का ढोंग रचा करते।
हम गाय माता का दूध पीते,
बच्चे दादा की गोद में पलते।
बुजुर्गों की छाया में खेलते,
संस्कारों के बीज यहीं से फलते।
कल को मत रोना जब तुम्हारे,
बच्चे करें तुम्हारा तिरस्कार।
क्योंकि तुमने सिखाया उनको,
बुजुर्गों से कैसे करते प्यार?
बुजुर्गों के चरणों में स्वर्ग बसा है मेरा,
उनकी आँखों में ब्रह्मांड समा है मेरा।
शहरी भीड़ में खोए लोगों,
तुमसे कहीं महान साम्राज्य खड़ा है मेरा।

वृद्धाश्रम के सूने कमरों में,
तुमने अपना धर्म गँवाया है।
मैंने बुजुर्गों को सिर पर रखकर,
स्वर्ग धरा पर उतारा है।
पश्चाताप की घड़ी आएगी,
जब बच्चे होंगे तुमसे दूर।
क्योंकि संस्कारों की नींव तुमने,
बनाई थी कितनी मजबूर?
तुम्हारी नकली महक में क्या है?
मेरी मिट्टी गें इतर बसा है।
तुम्हारे मॉल की चकाचौंध क्या है?
मेरे आँगन में चाँद हँरा है।
पड़ोसी मेरे प्राण-हिस्सा हैं,
रिश्तों का रस-पान करता हूँ।
बच्चे, बुजुर्ग, और परिवार में,
जीवन का सत्य पहचानता हूँ।
किताबी ज्ञान से परे है मेरा,
जीवन-विश्वविद्यालय महान है।
बुजुर्गों के अनुभव से सीखा,
यही मेरी सबसे बड़ी शान है।
मेरे खेतों में स्वर्ण उगता है,
मेरी मेहनत में गंगाजल है।
तुम्हारी कृत्रिम दुनिया में क्या है?
मेरे पास असली जीवन-बल है।
जब बच्चे दादी की कहानी में खोते,
तब जीवन के पाठ वो सीखते।
तुम्हारे बच्चे फोन में खोए,

कैसे संस्कारों को जी पाएंगे?
वृक्ष-सा अडिग खड़ा हूँ मैं,
तूफानों से टकराता हूँ।
जिस माटी ने जन्म दिया है,
उस माँ का कर्ज चुकाता हूँ।
मैं गाँव का गौरव गाता हूँ,
मैं धरती का वीर सपूत हूँ।
बुजुर्गों की सेवा में जीता,
बच्चों को संस्कार सिखाता हूँ।
जो अपनी जड़ें भूल गए हैं,
वो किस मुँह से बात करेंगे?
जब बच्चे पूछेंगे उनसे,
क्या जवाब तब दे पाएंगे?
गर्व से कहता हूँ, हाँ गाँव का वीर हूँ मैं,
अपने संस्कारों का अमर समर्थक हूँ मैं।
जहाँ बच्चे बुजुर्गों की गोद में पलते,
उस पावन धरती का रखवाला हूँ मैं॥

9. जीवन-पथ

कल्पना के स्वर्णिम पथ पर चलते हैं,
हर पग पर नवल दिशा खिलती है,
कभी स्वर्ण-किरण सी धूप बिखरे,
कभी शीतल छाया की शरण मिलती है।
नयनों में इंद्रधनुषी सपने सजाए,
हृदय में अनगिनत आकांक्षाएं लिए,
एकाकी इस जीवन-पथ पर बढ़ते हैं,
लक्ष्य की ज्योतिर्मय पहचान लिए।
जीवन की इस अमृत-कथा में,
कुछ मोती खोए, कुछ रत्न पाए,
हर बाधा को पार कर के,
नव ज्ञान के दीप जलाए हैं।
कभी अमृत-हास, कभी आंसुओं की धार,
यही तो प्राण-लीला का सार है,
क्षण-क्षण को आलिंगन करना सीखो,
यही जीवन का श्रृंगार है।
भास्कर की स्वर्णिम आभा से सीखो,
प्रति प्रभात नव आरंभ करो,
शशि से सीखो मधुर मुस्कान,
तम को स्नेह से विदा करो।

यह जीवन एक काव्य-सरिता है,
हर लहर इसकी अनूठी कथा,
लेखनी थामो और रच डालो,
अपनी अमर काव्य-गाथा।

10. विरह-श्रृंगार

गोधूलि की स्वर्णिम बेला में, मृदु मलय से बतियाती हूँ।
पथिक-पथिक में प्राणेश्वर को, नयनों से ढूंढ़ पछताती हूँ।
मांग सिंदूर की स्वर्णाभा में, मधुर मिलन की स्मृतियाँ हैं।
कंचन चूड़ियों की रुनझुन में, प्रीत-प्रतीत की कलियाँ हैं।
मेहंदी की मंजुल हरियाली, क्षण-क्षण म्लान हो जाती है।
नूपुर की मधुर गुंजार में, विरह-व्यथा झलकती जाती है।
स्वप्न-लोक में प्रियतम आकर, अलक सँवार जाते हैं।
जाग पड़ूँ तो नयनों में बस, मोती-से नीर बहाते हैं।
शय्या सजी कुसुम-कलियों से, सौरभ उनकी याद जगाए।
यामिनी की हर पल में उनका, मधुर स्पर्श मुझे छू जाए।
जूही की कोमल कलियाँ भी, कुम्हला जाती प्रात होते ही।
पर उनकी स्मृतियों का वैजयंती, नित नूतन खिलता जाता है।
प्रेम-पत्र की पीली पन्नी को, हृदय-कमल में छिपा रखा है।
अश्रु-कणों से भीग गई पर, प्रेम-गंध को बचा रखा है।
काजर-कोर में सजा दिया है, उनके नैनों का जादू-सा।
विरह-तिमिर में भी जगमग है, स्नेह-दीप की लौ सदा।

11. जीवन की रंगीन राहें

कलियों की महक में खोया हुआ,
आँगन मेरा महका जा रहा।
रंग-बिरंगे सपनों का झूला,
मन में मेरे झूला जा रहा।
चाँदनी रात का नीला आँचल,
तारों से है सजता जा रहा।
मौसम की रुत बदली-बदली,
जीवन भी है बदला जा रहा।
रिमझिम बरसात की बूँदें,
धरती को हैं भिगोती जाती।
कोयल की कुहू-कुहू में छुपी,
प्रेम कहानी है गाती जाती।
पवन चली तो साथ में लाई,
खुशबू केतकी-चमेली की।
हर दिशा से गूँज रही है,
धुन मधुर बसंत की रेली की।
जीवन की राहों में बिखरे,
सुख-दुख के मोती हैं चुनते।
हर पल नए सवेरे की ओर,
कदम हमारे बढ़ते जाते।

12. पिता की व्यथा-कथा

सरिता-सी सरल सदा बहती
सागर-सी गहरी ममता रहती
कर-कर कर्म निरंतर चलता
माथे का पसीना धरा पर ढलता
जीवन-वृक्ष की डाली-डाली
मैं हूं एक समर्पित माली
मानो स्वर्ग उतर आया हो
जब बच्चों की हंसी छाई हो
मेरे एक श्वास में छिपी
सारी दुनिया की खुशबू है
जितना मैं टूटता जाऊं
उतना ही जुड़ता जाऊं
चंदा सी उजली मुस्कान
गंगा सी पवित्र प्राण
जैसे सूरज रोज उगे
वैसे कर्तव्य निभाता हूं
देखो कैसे कमल खिलें
वैसे बच्चे मेरे महकें
क्या यह मेरी संतान है
या स्वर्ग के तारे हैं?

है यह मेरी मेहनत का फल
या प्रभु का आशीर्वाद है?
नहीं पसीना, अमृत झरे
मेरे माथे की धार से
चंदा भी इतना न चमके
जितनी बच्चों की आंखें दमकें
छोटी-छोटी खुशियां ही तो
जीवन को महान बनाती हैं
मेहनत रंग लाती है
क्योंकि श्रम सफलता की कुंजी है
कलियां खिलती बाग में
खुशियां खिलती घर में
श्रमवीर यह पिता सदा
परिवार के लिए जिए जाए
श्रम से सना शरीर मेरा
स्वर्ण सा चमक उठा
केवल कर्म धर्म और प्रेम
बस यही जीवन का सार है
हर कण में परिवार बसे
हर पल में प्यार बसे
सूरज ढले, पंछी लौटें
थके पांव घर को मुड़ जाएं
प्यार-प्यार की बरसात में
नेह-नेह की बात में
कहते जग वाले श्रम है श्राप
मैं कहूं श्रम ही मेरा आप

न वैभव की चाह मुझे
बस बच्चों की राह मुझे

24

13. स्वर्णिम किरणें

नयनों में स्वप्न सजाए,
हृदय में आशा के दीप जगाए,
चलते हैं हम पथ पर ऐसी,
जहाँ लक्ष्य है अनजाने।
कोई संग चले या न चले,
यह यात्रा तो करनी अकेले,
फिर भी हर पग-पग पर मिलती,
स्वर्णिम किरणें, नव उजाले।
जीवन की इस विचित्र गाथा में,
कुछ विसर्जित, कुछ प्राप्त किया,
हर मोड़ ने दिया ज्ञान कुछ,
हर ठोकर से पाठ लिया।
विखंडित सपने, बिखरे मोती,
फिर भी नयन कभी न भीगें,
क्योंकि यह सत्य है शाश्वत सा,
तम के बाद उषा की रीतें।
नभ को छूने की अभिलाषा में,
धरा को न विस्मृत कर देना,
यही तो जीवन का मर्म है,
अविरल गति से आगे बढ़ना।

शब्द-सुमन की माला गूंथी,
भाव-तरंगों से सजी कहानी,
कुछ कहा, कुछ अनकहा रहा,
यही है जीवन की वाणी।
मधुर वसंत की मृदुल बयार सी,
कोमल स्वर में गुनगुनाती,
यह काव्य-धारा बहती जाए,
नव प्रेरणा का संदेश सुनाती।

14. श्रृंगार: प्रेम का आभूषण

मृदुल कपोलों पर बिंदी की लालिमा,
मानो प्रेम-पुष्प की कोमल कलिका।
अलकों में बिखरी केसर की सुगंध,
मधुमास की याद दिलाती मृदुल गंध।
नैनों में काजल की गहराई ऐसी,
प्रिय की प्रीत की गाथा कहे जैसी।
पलकें झुकी-झुकी मदमाती सी,
सावन की रिमझिम बरसाती सी।
अधरों पर सजी सिंदूरी आभा,
जैसे प्रणय-दीप की मंद प्रभा।
कुंडल की झंकार में प्रिय का संदेश,
मन-मयूर नाचे बिखरे नेह विशेष।
चूड़ियों की खनक में प्रेम का राग,
हृदय-वीणा पर बजता अनुराग।
कंगन की कनक में दुलारी छवि,
प्रियतम के मन में बसी माधुरी।
पायल के स्वर में मधुर पुकार,
जैसे कोयल का कूजन मधुमास।
नूपुर की धुन पर थिरके प्राण,
प्रेम-नृत्य में खोया सुध-ज्ञान।

नथनी में जगमग प्रीत की ज्योति,
संध्या के तारे सी दमकती मोती।
हर आभूषण में प्रणय की पीर,
बिन देखे प्रियतम व्याकुल समीर।

15. प्रेम-विरह

विरह-व्यथा की वेदना अपार,
प्रेम-पथ पर चलते जाएँगे।
दूर भले ही हो प्रियतम आज,
मिलन-मधु फिर पाएँगे॥
तव स्मृति-सागर में मग्न मानस,
प्रिये! व्याकुल है चित्त विकल।
हर श्वास में तव मूरत साजन,
हर स्पंदन में तव नयन कमल॥
मेघ से विनती करूँ विनीत,
मम प्राणेश्वरी को सन्देश सुनाओ।
कह दो उससे कि उसके बिना अब,
कल्प-काल सम क्षण बीत जाओ॥
उसके पल्लव-पलकों की शीतल छवि में,
पाया मैंने अमृत का वास।
जब भी मंद-मंद मुसकाती थी,
कुसुमित हो उठता सकल विलास॥
केश-कुंज में भ्रमित हुआ मन,
मधुकर सम मधुमास में डोले।
नयन-सरोवर में मज्जन करके,
पीयूष-पान कर प्राण विभोर॥

विरह-वेदना की गाथा अनजानी,
कौन समझ पाया है अब लौं।
हृदय-तंत्री में एक ही स्वर है,
तव दर्शन की आस अनवरत॥
हे पयोधर! तुम जाकर कह दो,
"तव प्रियतम की दशा विशेष।
पल-पल तुम्हें स्मरण करता है,
तुम बिन प्राण-पवन अवशेष॥"
शशि-किरणित यामिनी में तव स्मृति,
अश्रु-बिंदु बन झरी निशा।
तव मधुर वचन-सुधा की स्मृति में,
विभोर रहूँ मैं नित्य सदा॥
तव नयनों की काजर-रेखा ने,
हृदय-पट पर खींची स्वर्णिम लेख।
अब तो आ जाओ प्राणवल्लभा,
मिटे विरह-संताप अशेष॥
हे घनश्याम! बनो मम दूत आज,
ले जाओ यह प्रेम-संदेश मधुर।
कह दो उससे कि उसका प्रियतम,
प्रतीक्षारत है सदा अविरत॥

16. स्मृतियों का बोझ

कुछ याद रहे, कुछ भूल जाएं,
बरसात की बूंदों-सी ज़िंदगी है।
जो हर पल को संजो रखते,
झड़े पत्तों-सा उनका जीवन है।
बीती बातें भूल जाना,
शरद चाँद-सा प्रभात होता।
याद रखने का बोझ लिए जो,
मुरझाए कमल-सा कुम्हलाता है।
हर शब्द को, हर वाक्य को,
शूल भरी बेल क्यों लेना है?
कुछ भूल के, कुछ छोड़ के,
भोर के भँवरे-सा उड़ते रहना है।
स्मृति कमजोर है तो क्या है?
सरिता के प्रवाह-सा वरदान है।
जो बीत गया, भूल गया,
ओस की बूंद-सा निर्मल ज्ञान है।
याद रखो बस प्यार को,
वन-मालती सी महक सजाओ तुम।
कल की चिंता छोड़ के,
गंगा की धार-सा बह जाओ तुम।

17. मनमोहिनी

मृगनयनी की चितवन में ज्यों,
बिजली चमके घन-घन में क्यों।
पलकों की झालर थिरक उठे,
मोती की लड़ियाँ झर-झर में क्यों।।
केश-कलाप में रात ढली है,
गाल-कमल पर प्रात खिली है।
होठों की कली मुस्काई तो,
मधुमास की सौगात मिली है।।
रूठ के जब वो नैन चुराए,
मानो कजरारे बादल छाए।
फिर जब उनकी दृष्टि पड़े तो,
सावन की रिमझिम लहराए।।
चंपा-सी काया, चंद-सी आभा,
कदम-कदम पर बिखरी माया।
नूपुर की रुन-झुन में छिपी है,
पायल की मधुर-मधुर काया।।
क्षण में बनी वो कोकिल-कंठी,
क्षण में बनी मयूरी बंकी।
अधरों पर मधु-मुस्कान लिए,
बनी खड़ी रस की रस-रंगी।।

जब चली तो थिरकी धरती,
जब हंसी तो खिली बसंती।
जब रोई तो झर-झर बरसी,
जब गाई तो राग मलिंती।।
मान-सरोवर में डूब गई,
प्रेम-कमल सी खूब खिली।
नाज़-नखरे की लहर उठी तो,
मधुमास की फुहार मिली।।
श्रृंगार-सिंधु में गोता लगा,
रस की बूंदें चुन-चुन लाई।
नयनों में सपनों की डोर है,
पलकों में कजरारी छाई।।
यह है नारी का नव श्रृंगार,
इससे जगा बसंत बहार।
रूठन-मान की मधु लीला में,
झिलमिल प्रीत की धार।।

18. स्वर्णिम विहंग

नीलांबर के नन्हे मुसाफिर,
स्वर्णिम किरणों के साथी।
अमृत रस की बूँद पिए हैं,
मुक्ति के ये बाराती।
हम तो माया-मृगजल में भटके,
स्वर्ण-मृग के पीछे दौड़े।
कोष भरे हैं, पर मन खाली,
सपनों के महल तोड़े।
इंद्रधनुषी पंखों से लिपटी,
आज़ादी की परिकथा।
नभ-सागर में गोता लगते,
जीवन की अनुपम व्यथा।
कनक-कलश में कैद किया है,
हमने अपना जीवन-नीर।
पर विहंग पीते मुक्त गगन से,
अमृत की धारा नित्य अधीर।
मणि-माणिक की माला गूँथें,
फिर भी मन है रिक्त-विहीन।
स्वर्णिम डाली पर बैठा खग,
गाता अनहद गीत नवीन।

कालिमा में भी कमल खिलाते,
नित नूतन प्रभात रचाते।
बिन सोचे, बिन समझे जग की,
आनंद-अमृत बरसाते।
क्षण-क्षण का उत्सव मनाते,
पल-पल नव जीवन पाते।
धरा-गगन के बीच झूलते,
अमर कथा लिख जाते।

19. जीवन-कला

सावन की रिमझिम फुहारों सी,
जीवन की कला अनूठी है।
सूखे में भी हरियाली पाए,
जिसने इसको सीखा है।
कोयल सी कूक मिली,
एकांत अपनाए।
काली घटा में चांद सा,
जीवन दिखलाए।
मौसम की हर ऋतु में अब,
बसंत-सा खिलता जीवन है।
पतझड़ में भी बाग-बगीचे,
जब कला का दर्शन है।
नदी-नीर सी बहती राहें,
जब जीवन को जाना है।
पर्वत-सी ऊंची मंजिल भी,
सरिता-सी पा जाना है।
सागर गहराई माहिं,
कमल खिले जिस भांति।
जीवन-कला अपनाय,
मिले सकल सुख शांति।

जीवन कला जो जान ले,
पाए अमृत स्वाद।
एकाकी में भी मिले,
मेले का आह्लाद।

20. एक माँ की व्यथा

मृदु मन की कोमल कली-सी,
किशोरी थी अनजान मैं।
दुर्वासा का वर पा लिया,
पर न जानी थी मान-मैं॥
तपते सूरज से पा पुत्र को,
न कर सकी मैं अंगीकार।
कुल-मर्यादा रूपी बंधन ने,
कर दिया मुझे लाचार॥
लहरों में बहता जा रहा था,
नवजात शिशु का तन-प्राण।
माँ का मन विलख रहा था,
जैसे वज्र का प्रहार॥
वही पुत्र अब सूर्य समान है,
तेजस्वी, वीर, महान।
पर विधि ने ऐसा लिखा कि,
बना शत्रु-दल की शान॥
एक ओर रक्त-बंध मेरा,
एक ओर धर्म-निर्वाह।
दोनों ही मेरे प्राण हैं,
दोनों में मेरी चाह॥

मानो विधाता भी रो पड़े,
देख माँ की यह दशा।
एक ही संतान को दो बार,
खोने की यह विवशता॥

गंगा-सी पवित्र प्रीति में,
डूबा मेरा अंतर्मन।
पर काल-रूपी राहु ने,
किया इसे भी ग्रहण॥
नयनों से झरते मोती से,
भीग रहा आँचल-द्वार।
एक ही पुत्र दो बार खोना,
यही नियति का संसार॥
छाती से लगा न पाई कभी,
दूध पिला न पाई उसे।
अब युद्धभूमि में देखूँगी,
वीर योद्धा रूप उसे॥
कर्तव्य-कमल की डोर में,
बंधी हुई हूँ आज।
माँ का मन रोता रह गया,
पर रह गई अधूरी आस॥

21. खामोश गवाह

टूटे शीशे की तरह बिखरी
कुछ यादें, कुछ ख्वाब मेरे
हर टुकड़े में झलकता है
एक अधूरा सा चेहरा मेरे
सोचा था समेट लूँगा
जो खो गया वक़्त की राह में
पर हर कोशिश में और घायल
हो जाते हैं हाथ मेरे
कभी-कभी लगता है
ये तनहाई भी तो अपनी है
जिसने साथ नहीं छोड़ा
उस वक़्त भी जब छोड़ गए सब मेरे
आज इस शाम की खामोशी में
हर दर्द एक कहानी बन गया
जो टीस कल तक थी सीने में
वो आज गीत बन गई मेरे

www.ingramcontent.com/pod-product-compliance
Lightning Source LLC
LaVergne TN
LVHW021305200726
843509LV00012B/1792